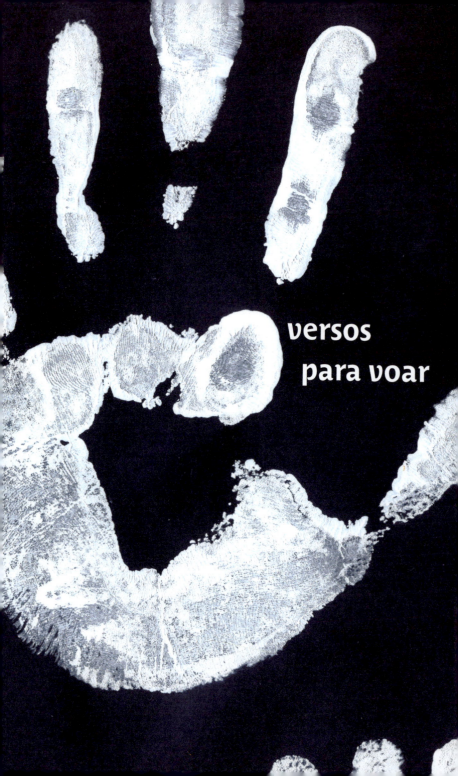

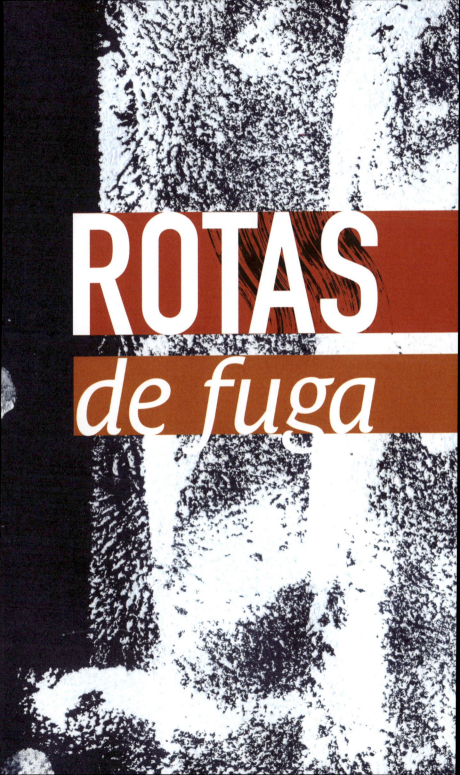

© 2022 – TODOS OS DIREITOS RESERVADOS

**GRUPO ESTRELA**
**PRESIDENTE:** Carlos Tilkian
**DIRETOR DE MARKETING:** Aires Fernandes

**EDITORA ESTRELA CULTURAL**
**PUBLISHER:** Beto Junqueyra
**EDITORIAL:** Célia Hirsch
**COORDENADORA EDITORIAL:** Ana Luíza Bassanetto
**PROJETO GRÁFICO E ILUSTRAÇÕES**
Christiane Mello e Karina Lopes | Estúdio Versalete
**REVISÃO DE TEXTO:** Luiz Gustavo Micheletti Bazana
**PARATEXTO:** Denise Cenci

```
Dados Internacionais de Catalogação na Publicação (CIP)
        (Câmara Brasileira do Livro, SP, Brasil)

Murray, Roseana
    Rotas de fuga : versos para voar / Roseana
Murray ; ilustrações Christiane Mello, Karina
Lopes. -- Itapira, SP : Estrela Cultural, 2022.

    ISBN 978-65-86059-98-4

    1. Poesia brasileira I. Mello, Christiane.
II. Lopes, Karina. III. Título.

22-102850                              CDD-B869.1
```

Índices para catálogo sistemático:

1. Poesia : Literatura brasileira    B869.1

Cibele Maria Dias - Bibliotecária - CRB-8/9427

Proibida a reprodução total ou parcial, de nenhuma forma, por nenhum meio, sem a autorização expressa da editora.

1ª edição – Três Pontas, MG – 2022 – IMPRESSO NO BRASIL
Todos os direitos da edição reservados à Editora Estrela Cultural Ltda.

Rua Municipal CTP 050
Km 01, Bloco F, Bairro Quatis
CEP 37190000 – Três Pontas/MG
CNPJ: 29.341.467/0002-68
estrelacultural.com.br
estrelacultural@estrela.com.br

Roseana Murray

# ROTAS
## *de fuga*

### versos para voar

Ilustrações:
**Christiane Mello**
**Karina Lopes**

# sumário

Prisão, 9

Possibilidades, 11

Árvores que falam, 12

Sombra e Luz, 14

Carícia, 15

Beleza, 16

Trilhas, 17

Distância, 18

Dons, 19

Ternura, 21

Partitura, 22

No cosmo, 24

Na luz do dia, 25

Trapézio, 26

Um nome, 27

À deriva, 28

Transparência, 31

Fio quebrado, 32-33

Malabares, 34

Instrumentos, 35

Águas, 36-37

Vento, 38

Travessia, 39

Rearrumação, 40

Pão e estrela, 41

Clareira, 43

Milagre, 44

Ouvir estrelas, 45

Pequenas flores, 47

Desejo, 48

Uma borboleta, 49

Gaivotas sobre
o mar, 50

Pedaços de vidro, 53

Momentos
  sagrados, 54

Jangada, 56

Fuligem, 57

Desinvenções, 59

Muros, 60

O que se perde e se
  ganha, 62

Um galo cantor, 63

Arroio, 64

Ofício, 65

Algumas pedras, 66

Abraço planetário, 68

Anseios, 69

Paredes líquidas, 70

Bracelete, 71

Herança, 72

Roca, 73

Milagre, 75

Tanta realidade, 77

Caixinha de
  música, 78

Entre luz e
  sombra, 79

Como pégaso, 81

Nômades, 83

Viajantes em luz
  dourada, 84

Dentro do
  crepúsculo, 85

Janela, 86

Âmbar, 87

A chave, 89

Por dentro da
  obra, 93

# Prisão

Mesmo quando nos prendem,
se nos amarram,
mesmo enterrados,
escapamos.
Viramos faísca, brilho,
a música que rege
o que não pode ser dito:
dizemos.
Mesmo que as cordas
nos pareçam indestrutíveis,
escapamos.
Pelas brechas, pelas frestas,
pela luz de um vaga-lume,
pelas entrelinhas,
pela estrela
que ainda nascerá,
pela poesia
escapamos.

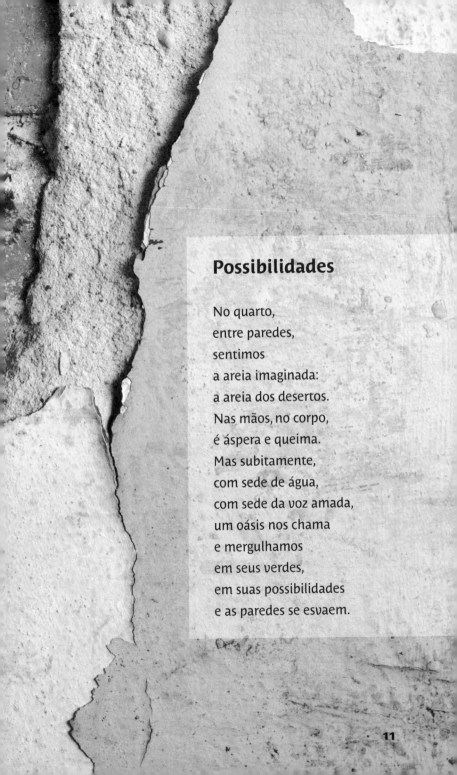

## Possibilidades

No quarto,
entre paredes,
sentimos
a areia imaginada:
a areia dos desertos.
Nas mãos, no corpo,
é áspera e queima.
Mas subitamente,
com sede de água,
com sede da voz amada,
um oásis nos chama
e mergulhamos
em seus verdes,
em suas possibilidades
e as paredes se esvaem.

## Árvores que falam

Da janela as árvores
me dizem paciência
com as letras verdes
da palavra esperança.
Seus braços/galhos,
que buscam o céu
e o sol,
me dizem abraços.
Suas raízes tão dentro
da terra falam
das minhas raízes,
quem sou, de onde vim,
suas folhas e frutos
me ensinam a força
das sementes.

# Sombra e luz

Às vezes,
o espelho me mostra
o que não quero ver.
Quem do outro lado
me diz esse rosto,
esses olhos
que me olham de longe
e com estranhamento?
Mas às vezes vejo
a sombra e a luz
que me desenham,
os fios que me amarram
e então me reconheço.

## Carícia

Acariciar
a pele de uma fruta
antes de mordê-la
É trazer
para dentro do corpo
a lembrança de texturas
humanas, abraços, toques,
carícias.

## Beleza

Diante dos meus olhos
um beija-flor se equilibra,
o ar é a sua casa,
seu voo parado me fala
dos meu próprios voos,
das asas que invento.
Sua beleza me atravessa.

# Trilhas

Há que saber escapar
pelas trilhas do outono,
por suas cores
adamascadas
como se de terra e ar.
A qualquer hora
o caminho se abre
feito fruta no ponto:
não há cercas
nem fronteiras,
apenas um vento
que canta e diz:
– Vá, ouse, sonhe.

## Distância

Distância se mede
em metros, léguas, quilômetros
ou se mede com o peso
líquido da saudade,
da que corre nas veias
feito cavalo disparado
no vento?

## Dons

Escreveria à mão,
em um caderno inventado,
os dons que importam:
o amor grande e miúdo
de todo dia,
que é casa e colo,
é ninho, aconchego.
Esse é o dom matriz,
de onde nascem
todos os outros,
que então escreverei.

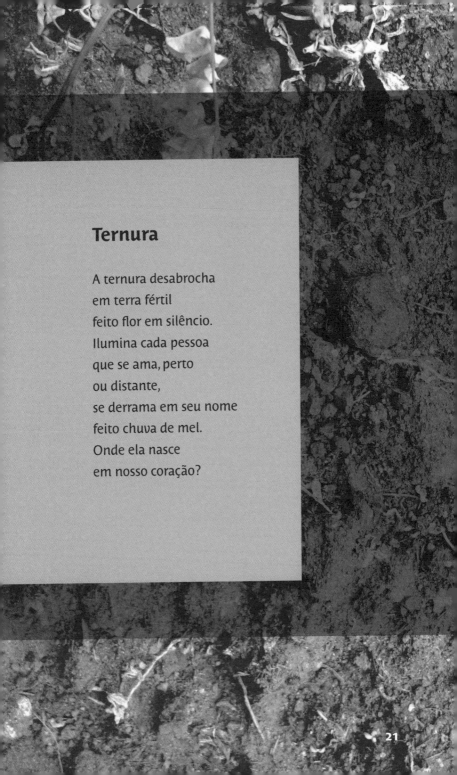

## Ternura

A ternura desabrocha
em terra fértil
feito flor em silêncio.
Ilumina cada pessoa
que se ama, perto
ou distante,
se derrama em seu nome
feito chuva de mel.
Onde ela nasce
em nosso coração?

## Partitura

Na partitura
dos sentimentos,
a pauta musical
é desenhada
com linhas tortas
e as notas
serão a argamassa
para nosso destino.
Às vezes a música é dor
e sombras,
outras vezes luz e céu.
Para cada um a partitura
é única e se move
junto com o tempo.

## No cosmo

De dentro de mim
me vejo na imensidão
do cosmo:
poeira luminosa
de estrelas.
Um sopro
que se desmancha
ao menor descuido,
mas existe e, como
feixe de vida, ilumina
outras vidas.

## Na luz do dia

Com meus olhos
jogo uma rede sobre
a luz do dia:
não sei o que virá,
se os mais belos pensamentos,
se borboletas amarelas ou
o perfume de um jasmim,
e abro o cofre das surpresas.

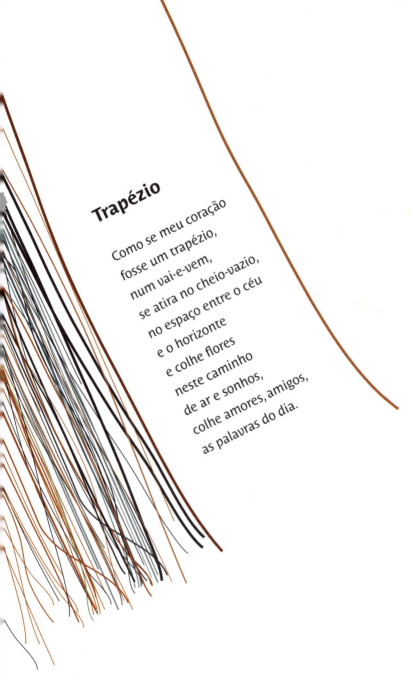

## Trapézio

Como se meu coração
fosse um trapézio,
num vai-e-vem,
se atira no cheio-vazio,
no espaço entre o céu
e o horizonte
e colhe flores
neste caminho
de ar e sonhos,
colhe amores, amigos,
as palavras do dia.

# Um nome

Com palavras
se constroem
as passagens secretas,
a saída do labirinto,
as chaves que abrem
portas e janelas
quando o ar é rarefeito:
"Abre-te Sésamo"
e a caverna se abriu.
Se digo meu nome,
construo outra vez
o que já foi vivido,
o que ainda virá?
Pode um nome conter
o mar inteiro, a travessia,
a vida?

# À deriva

Uma cidade se equilibra
sobre tantas camadas,
restos soterrados,
vozes que um dia
cantaram, sussurraram,
confessaram segredos.
A casa se equilibra
sobre a rua,
quem sabe debaixo
dela ainda exista
um rio e sua música
de pedras.
Dentro da casa equilibrada
na rua, na cidade, no país,
escrevo, às vezes à deriva.

## Transparência

A primeira luz da manhã
para lavar o rosto
e cantar a vida baixinho,
quase em murmúrio,
como a água que nasce
em algum lugar
na montanha, tão longe
de onde estou,
mas dentro do silêncio
posso ouvi-la
em sua transparência,
e posso ouvir a luz,
quando ela pouco a pouco
acorda os pássaros.

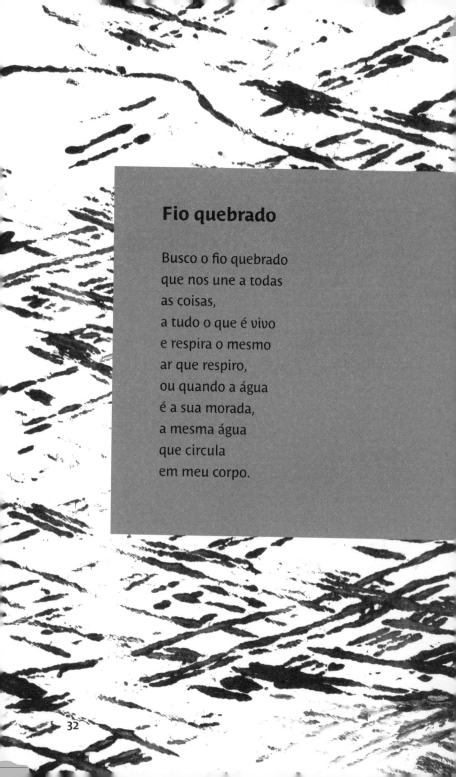

## Fio quebrado

Busco o fio quebrado
que nos une a todas
as coisas,
a tudo o que é vivo
e respira o mesmo
ar que respiro,
ou quando a água
é a sua morada,
a mesma água
que circula
em meu corpo.

Quem sabe ainda
seja possível encontrar
esse fio invisível
que faz com que eu também
seja árvore e afunde minhas
raízes na terra escura
e seja pássaro, peixe
e felino e num salto
alcance
o que é inalcançável.

## Malabares

Atravessar paredes,
mansamente, felino
caminhando na savana,
é um ofício complicado,
requer habilidades
que não se aprende
em qualquer lugar.
Não existe, por exemplo,
uma escola
que ensine essa arte.
É como fazer malabares
com gotas de chuva
ou raios de luar.

# Instrumentos

Para atravessar a fronteira
entre o real e a miragem,
o real e o devaneio,
uso os instrumentos
mais variados:
três acordes de violoncelo
ou três nuvens e uma árvore,
quem sabe um voo
de gaivota sobre o mar.
Ninguém me pede documentos,
ou passaporte,
quando me olham
não sabem,
parece que estou imóvel,
no mesmo lugar.

# Águas

A primeira água
no ventre da mãe
é para agasalhar o filho.
A segunda água é a lágrima.
Um fio de água é a nascente
de um rio que deságua
no mar.
Água doce e salgada
se misturam em nosso
corpo, são essenciais.
O afago é água morna
e macia.

Os lagos, com suas águas
paradas, nos carregam
em seus devaneios.
Com as mãos em concha,
foi assim que o primeiro
homem matou a sede?
A roupa molhada no varal
conversa com o vento.
O mar continua
depois do meu olhar?
No poço da aldeia,
o balde
sobe cantando sua água
preciosa.
Preciosa é toda água.

## Vento

O vento faz novelos,
redemoinha, traz recados
do mar: galeões afundados,
jangadas em sinuoso
equilíbrio,
barcos que atravessaram
continentes desde muitos
séculos atrás, nesse desejo
humano de ir:
impossível fincar raízes
no vento.

# Travessia

É de travessia que se trata.
Imagino o medo
dos que tinham que passar
no escuro
as perigosas fronteiras
para salvar a vida,
às vezes rastejando
feito invertebrado,
silenciando os ossos,
e o susto quando
um galho se quebra.
É de travessia que se trata
quando passamos da tristeza
para a alegria,
do claro para o escuro
ou do perigo para a cama
macia, da chuva para o sol.

# Rearrumação

Quando as flores na beira
do caminho, da estrada,
das trilhas que sobem
e descem, das curvas
e encruzilhadas,
entram em nossos olhos
para que nosso olhar
se transforme em jardim,
talvez se possa rearrumar
o mundo.

## Pão e estrela

Quando fechamos os olhos
há um mundo:
o lado de dentro,
e se pode
caminhar para trás,
são tantas as ruas,
praças,
pessoas
que apenas roçamos,
mas de alguma maneira
seus rostos
não desapareceram,
são feito neblina, vaga-lumes.
Outras são definitivas:
sempre
pão e estrela,
e uma palavra
brilha e lateja:
saudade.

## Clareira

Se pudéssemos
atravessar o tempo,
o espelho, a janela,
e chegar onde
nossas asas nos levassem,
até a clareira de folhas varridas
onde plantaríamos
a árvore do amor,
seus frutos seriam palavras
e gestos, seriam bênçãos,
orações raras e douradas.

## Milagre

Cada corpo um país
com sua língua aprendida,
inventada, suas montanhas
e rios,
às vezes intransponíveis.
Cada corpo um mapa,
com seus códigos
e cata-ventos.
Reconhecer
em outro corpo
a sua própria estrada
é milagre,
estrela moída.

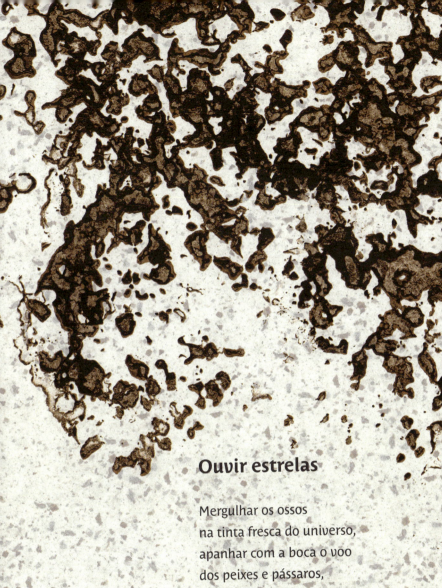

## Ouvir estrelas

Mergulhar os ossos
na tinta fresca do universo,
apanhar com a boca o voo
dos peixes e pássaros,
arrancar da terra as palavras
e guardá-las em algum lugar
secreto,
pegar das estrelas e
seu grito de susto e luz.

## Pequenas flores

Pequenas flores
ou objetos,
um retrato na memória,
alguma árvore,
um gato
ou sentimentos de amor
e abraço
iluminam o dia,
são mais do que luz,
setas que apontam
para a trilha escondida,
a rota de fuga
quando o cerco se fecha,
a porta se tranca
e parece que estamos
à deriva, numa cidade sitiada.

## Desejo

O desejo é uma barca
antiquíssima,
o impulso que me leva
até o âmago da vida,
às vezes flutuo,
às vezes me afogo
ou caminho sobre
águas perigosas.
O desejo é líquido:
lava incandescente,
pedra, diamante.

## Uma borboleta

Como se uma borboleta
esvoaçasse seu desejo
de céu em nossa garganta,
entre as cordas vocais,
para que pudéssemos
finalmente cantar, gritar,
uivar em todos os tons
de suas asas
e construir com ar
as nossas estradas.

## Gaivotas sobre o mar

Todos os instrumentos
afiados, em fila,
para a navegação:
bússolas, mapas,
cata-ventos e abro
o livro adormecido,
o que acordarei
com meu sopro,
meu coração,
minha chama.

## Pedaços de vidro

Seria melhor caminhar
sobre as folhas secas
do outono,
sua música sussurrante
sob os pés, e não sobre
este estranho desequilíbrio,
quando o que temos
como estrada
são pedaços de vidro
ou lascas de espinhos.

Difícil não machucar
os pés, o corpo inteiro
que pede dança,
que pede lagos
de luz e céu,
que gostaria
de escapar pelas frestas
até onde não se sabe.

## Momentos sagrados

Alguns momentos
são sagrados
feito prece.
A primeira luz da manhã,
a que acende as árvores,
desfaz as sombras.
Um beija-flor quando pousa
em nossos olhos
e o frêmito das suas asas
nos lembra nossos próprios voos.
Uma gota de chuva
que traz as outras
para saciar a sede da terra.
O amor que nos é oferecido
como um feixe de girassóis
a qualquer hora e cabe
entre os braços.

## Jangada

O que devo levar
nessa travessia?
O que for luz?
Untar o corpo
com doses fartas
de amor como se fosse
óleo perfumado,
unguento, bálsamo.
Toda travessia requer
a paciência de um camelo
ruminando o tempo e
convém armazenar doses
de vento benfazejo
para que a jangada possa
deslizar sobre a areia.

## Fuligem

Como se equilibrada
numa teia incompreensível,
desconheço a língua
do ódio, as filigranas
da crueldade,
tento, tentamos, respirar.
O ar é rarefeito,
sem oxigênio, espesso,
uma fuligem cobre
a superfície das coisas.
Equilibrada na teia,
aprisionada em seus fios,
chamo o vento, a luz,
os misteriosos
dons do amor.

## Desinvenções

Uma estrela costurada
na lapela,
a mais bela cor na pele,
a floresta inteira nos olhos,
o amor
em outras constelações.
Mas a estrela foi destituída
da função de estrela
e era o caminho
para a morte.
A maravilhosa pele
de ébano, pérola negra,
se desmancha em sangue,
em dor.
A floresta estraçalhada
já quase não consegue
abrigar seus guardiões.
O amor ofende.
Ao longo da história,
fornos, fogueiras, tiros,
açoites.
Quem desinventará
o que é para ser
desinventado?

# Muros

Vozes do passado
nos falam de uma torre
tão alta
que chegaria ao céu,
talvez devessem ter feito
uma ponte de um humano
até outro humano,
uma ponte que ligasse
o mundo de um,
suas histórias, seus sonhos,
e seus anseios,
ao mundo do outro,
o medo de um
ao abraço do outro,
mas já quase
não se sabe nada
sobre a construção
de pontes suspensas
no ar,
equilibradas sobre
a vida de cada pessoa,
onde os passos
que ressoam são música.
Agora se constroem muros.

## O que se perde e se ganha

Já nos disse uma poeta
que perder é uma arte
e devemos treinar
cada dia um pouco.
Perdemos muito tempo
com palavras
que não importam,
perdemos amores,
perdemos pratos
que se quebram e xícaras,
perdemos casas e bilhetes,
endereços e às vezes
perdemos um amigo
e um país.
Mas ganhamos também:
uma árvore, uma estrela,
um jeito de olhar.

## Um galo cantor

Há um galo cantor
em algum lugar
da vizinhança.
Seu canto atravessa o ar
e as paredes e derrama
a luz da manhã
em minhas mãos.
Traz junto um milharal
distante
plantado por outras mãos,
um milharal
que dança com o vento,
traz um cheiro de terra,
um amarelo Van Gogh.
Girassóis florescem
em meus olhos
com o canto do galo
que me chega
de algum quintal.

## Arroio

Lavaria o rosto
nessa primeira luz
limpa feito água de arroio
que o céu despeja
sem pressa.
Amanhece e o silêncio
desliza pelos telhados.
Mais um dia
que sai da sua casca
com seus cantos e gritos,
sonhos como hieróglifos.

# Ofício

Trançar palavras
será um ofício?
Basta escrever a palavra
"lago" e um cisne desliza,
ou melhor,
uma canoa de junco,
e posso estar dentro?
Basta escrever "lua"
e suas águas
serão de prata?
Escrevo "vento" e "carícia"
e meu corpo ondula
num leve movimento.
Escrevo o caminho
por onde seguiremos,
dentro da noite,
até chegar num cais,
onde ao escrever "corda",
amarrarei a canoa
e pisarei na terra
rumo ao desconhecido.

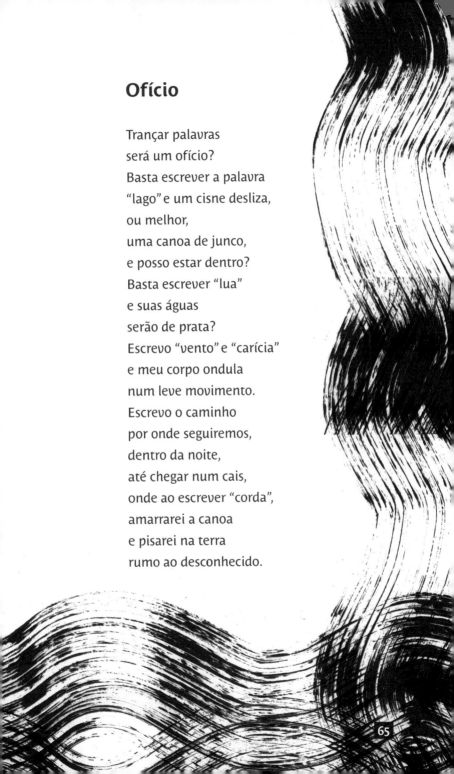

## Algumas pedras

Ter sempre pronta
a mala do viajante:
alguns poucos pertences,
como levaram
nossos ancestrais.
Três sonhos dobrados
com cuidado, brilhantes,
feito as Três Marias.
Algumas pedras
redondas, preciosas,
que contenham a música
de um rio para marcar
nosso caminho,
um pedaço de espelho
que nos lembre
nosso rosto, nosso nome.
Um mapa
no qual estão assinalados
os poços de água limpa
e um sino que avise
a nossa chegada.

## Abraço planetário

Se trançássemos as mãos,
humanos com humanos,
humanos com árvores,
com todas as plantas,
com rios e mares,
humanos com bichos
nessa teia de vida,
nesse abraço,
caberia o planeta.

## Anseios

O que se pode saber
do coração e seus anseios?
Seu tambor bate baixinho
e há que fazer silêncio
para ouvir a sua voz.

## Paredes líquidas

Que as paredes
sejam líquidas,
fluidas,
que se desmanchem
com o sopro da poesia,
que o céu invada
a casa e o quarto,
que a existência seja voo.

## Bracelete

Existem cidades antiquíssimas
debaixo das nossas cidades.
Não ouvimos o seu rumor.
Não podemos capturar
os pensamentos de quem
andou por suas ruas,
amou, fez pão e cântaros
ou guerras.
Às vezes os arqueólogos,
escavando,
encontram um pedaço
quebrado de alguma coisa,
um bracelete, digamos.
E quem sabe aquela mulher
naquele tempo se aprontava
para uma festa
ou também buscava
uma rota de fuga,
um jeito de encontrar
a saída.

## Herança

Antes de mim
a mãe, o pai, avós,
bisavós.
Vieram de longe
e a minha herança
não são joias, casas,
livros raros ou segredos.
São navios (e uma longa
travessia) até hoje
pendurados atrás da porta.
Só eu os vejo e rangem
em dias de tempestade.

# Roca

Com uma roca
se pode fiar a trama
de uma vida,
uma longa história
que precisa ser contada,
se pode fiar o tecido feito
do algodão plantado
num campo lá longe
por mãos doloridas
de tanto trabalho,
se pode fiar o tapete
que cobrirá a cabana
do beduíno no deserto,
se pode espetar o dedo
e dormir cem anos.

74

# Milagre

Como numa colcha
de retalhos,
os dias e as noites
se costuram
e nos levam
em suas horas,
secas ou caudalosas,
cavalos indomáveis.
Viver é o milagre
que nos guia.

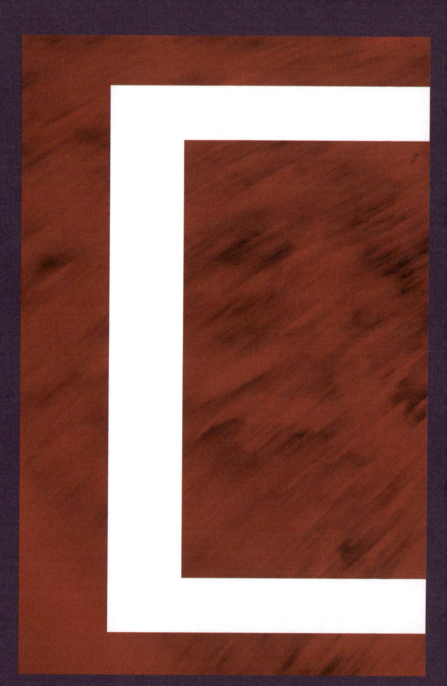

## Tanta realidade

Tanta realidade
não cabe entre os braços,
então é preciso
cavar rotas subterrâneas
de fuga
ou pontes feitas
de maresia e luar.
Pontes suspensas
construídas
com o perfume
da terra molhada,
que levem ao âmago
da poesia,
onde pulsam as flores,
como estrelas.

# Caixinha de música

No mundo de dentro,
continentes, mares e rios,
casas com janelas iluminadas
e pessoas que existiram
um dia e agora se movem
quando são sonhadas,
como numa caixinha
de música.
É um mapa emaranhado,
basta virar a esquina
e já se atravessa o tempo.

## Entre luz e sombra

Entre luz e sombra
um universo se equilibra
enquanto construímos
com as sobras, as ruínas,
as fotografias rasgadas
e as pedras milenares
espalhadas que catamos
restos do que somos.
Não é fácil, mas possível,
quando se usa
como argamassa algumas
flores selvagens
que nascem entre as fendas
e sua beleza constrói
caminhos e refaz o mundo.

# Como pégaso

Embarcar na lua
em sua luz acolchoada
de veludo e leite
rumo aos sonhos
que podem ser tecidos
em silêncio.
Embarcar no cais
dos sonhos na hora
em que, de mansinho,
como pégaso,
num susto,
desdobramos
nossas asas.

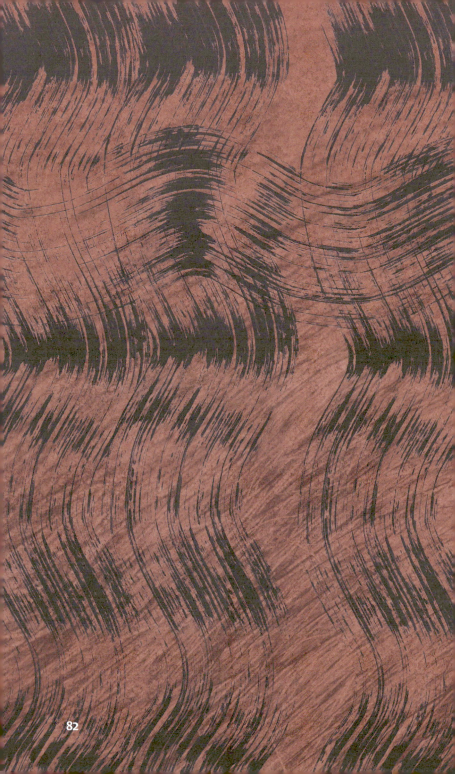

## Nômades

Num tempo muito antigo,
lá pelo começo do mundo,
éramos nômades,
com as estrelas como guia.
Talvez em algum lugar
dentro do corpo,
como desenhos rupestres
numa caverna,
ainda exista a memória
dessas travessias
e de vez em quando
nos lembramos.
Então nosso coração
se agita e queremos
partir.

## Viajantes em luz dourada

No vendaval dos desejos,
separar
os que nos ajudam
a dançar,
os que nascem
no poço das águas
da alegria,
os que, como barcos,
nos conduzirão como
viajantes em luz dourada.

## Dentro do crepúsculo

Dentro do crepúsculo
a noite já se delineia
e dentro da noite podemos
colher braçadas
de constelações,
trazer o cosmo até o fundo
dos ossos
e dentro do escuro
o esboço
da manhã já se delineia,
a fina pele da luz
trará as dádivas do dia.

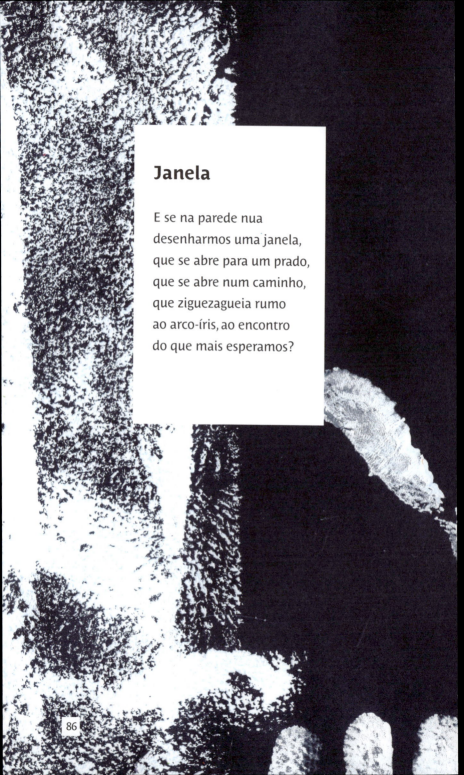

## Janela

E se na parede nua
desenharmos uma janela,
que se abre para um prado,
que se abre num caminho,
que ziguezagueia rumo
ao arco-íris, ao encontro
do que mais esperamos?

## Âmbar

O colar de âmbar
em minhas mãos
me fala de outras eras,
de um começo de mundo.
Me diz onde chegamos,
este âmbar quase dourado
em mãos humanas.
Até aqui.
Parece que os portões
estão trancados
e para escaparmos
é preciso recomeçar
onde o fio se partiu e
reinventar o mundo.

## A chave

Há que encontrar a chave.
A que abrirá as paredes,
as portas, as janelas,
a que se esconde entre
as notas da harpa
dos sentimentos, entre
as páginas de um livro,
nos versos de um poema,
entre as camadas do amor,
na água das lágrimas.

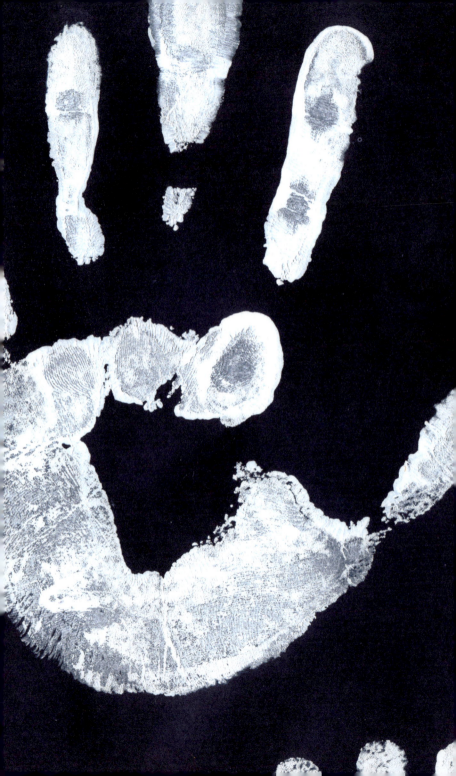

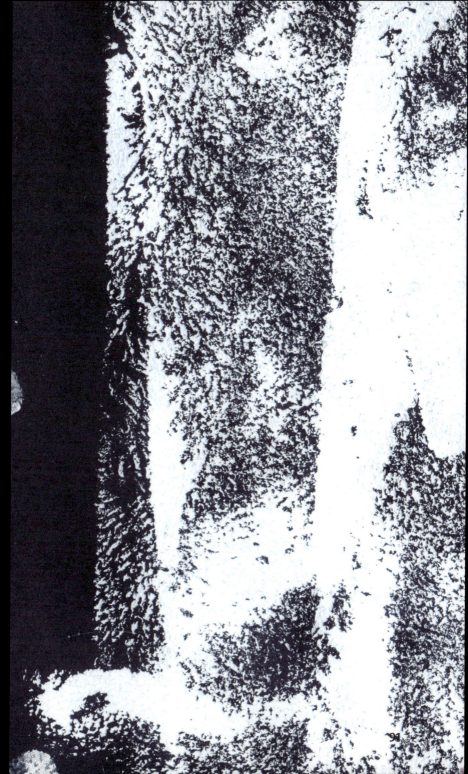

## Por dentro da obra

*Rotas de fuga: poemas para voar* é
composto pela reunião de 60 poemas
que mergulham nas sensações de quem
busca compreender-se enquanto se
depara com as imposições da vida e os
desarranjos do mundo.

São poemas curtos, mas plenos
da beleza e da aguda sensibilidade que
caracterizam a poesia de Roseana Murray
(se você ainda não sabia, a pronúncia
do seu sobrenome é "murrai" mesmo).

# A autora, as ilustradoras e o contexto da obra

**Roseana Murray** é uma escritora consagrada, com mais de uma centena de livros publicados, reconhecida e premiada por aqui e internacionalmente, mas, por bastante tempo, ela nem suspeitava que esse seria o seu destino. Quando se descobriu poeta, ela já tinha até filho frequentando a escola. Em compensação, depois de publicar o primeiro livro, nunca mais parou e segue cada vez mais produtiva e inspirada!

A sua sensibilidade artística, sem dúvida, já estava aflorada desde a sua infância, quando via poesia nos bolos e nas costuras da sua avó, nas miudezas da lojinha do seu pai, nas brincadeiras pelas escadarias do prédio e pelas ruas pacatas de uma cidade do Rio de Janeiro que não existe mais, quando era possível ver golfinhos brincando em águas límpidas da Baía da Guanabara. Naturalmente, nem tudo foi "cor-de-rosa" em sua vida e, desde muito cedo, ela precisou aprender a conviver com as dores ancestrais de seu povo. Seus pais, Leybus e Bertha, eram imigrantes judeus poloneses que vieram para o Brasil escapando das perseguições antissemitas, que se propagavam pela Europa e culminaram no Holocausto durante a Segunda Guerra Mundial.

Essa herança também lhe deu muita garra e resistência: a criança de sensibilidade transbordante, mas menosprezada na escola por causa de sua timidez, deu lugar a uma adolescente que batalhou, com muito estudo, pela sua autoafirmação e se entregou às descobertas da vida. Muito jovem, enfrentou os desafios de ser mãe e, mesmo assim, não perdeu a oportunidade de se graduar em Língua e Literatura Francesa pela Universidade de Nancy.

Apaixonada pela natureza, sempre preferiu morar em meio às paisagens da montanha ou do mar e, hoje, é em Saquarema, no litoral do Rio de Janeiro, que ela vive em uma charmosa casa amarela na beira da praia. Descontente em dividir apenas os seus versos com o público, Roseana se habituou a abrir as portas de casa para receber alunos e professores em encontros chamados Café, Pão e Texto, nos quais os participantes costumam celebrar a arte do encontro, partilhando alimento e encantamento pela leitura de textos literários. Ela também anima o Clube de Leitura da Casa Amarela e mantém atualizado um belo site pessoal cheio de atrações.

Para ampliar a beleza deste livro, outras artistas contribuíram com o seu talento e sensibilidade: as ilustradoras Christiane e Karina.

**Christiane Mello** é formada pela Escola de Belas Artes da Universidade Federal do Rio de Janeiro (UFRJ) e possui mestrado em *Communications Design* pelo Pratt Institute, em Nova York. Entre seus inúmeros trabalhos no segmento editorial, destaca-se o desenvolvimento do Catálogo de Bolonha (a mais importante feira internacional de livros infantojuvenis) para a Fundação Nacional do Livro Infantil e Juvenil (FNLIJ).

**Karina Lopes** é formada em design gráfico e de produto pela Escola Superior de Desenho Industrial da

Universidade Estadual do Rio de Janeiro (Uerj). Desde 2015, trabalha com Christiane em diversos projetos editoriais e alimenta sua paixão por solucionar problemas.

Em *Rotas de fuga*, elas buscaram representar a intensidade das emoções presentes nos poemas por meio de texturas, formas e cores, contemplando toda a diversidade de nuances que permeiam o conjunto da obra. Representaram visualmente, com o uso da sobreposição de técnicas analógicas e digitais, toda a complexidade do tema abordado pelas belas palavras da autora.

Com a beleza das ilustrações do livro, a linguagem visual estabelece um bem-sucedido diálogo com a linguagem verbal, ou seja, uma "conversa" entre as imagens e a escrita, que potencializa a nossa experiência estética durante a leitura de cada poema. A propósito, você entende a diferença entre poema e poesia?

## Um pouco sobre as diferenças entre prosa, poema e poesia

Embora as palavras "poema" e "poesia" costumem ser usadas como sinônimos, há algumas diferenças. Em essência, podemos entender a poesia como aquela parte sensível e simbólica que, às vezes, identificamos também em outras linguagens artísticas, como filmes, pinturas, canções, espetáculos etc., aquilo que mexe com a nossa subjetividade, ou seja, com o íntimo de cada pessoa. Já os poemas são os textos que constituem o gênero textual, escritos com a intenção de que sejam "habitados" pela poesia por meio da sua expressividade na forma e no conteúdo.

Na forma, entre outros aspectos, cada linha do texto de um poema é considerada um verso, que pode conter rimas ou não, respeitar ou não métricas, isto é, ter quantidades específicas de sílabas poéticas que acabam determinando o ritmo do poema e o uso repetido de letras para que seus sons influenciem na sua musicalidade. As escolhas na construção da estrutura das frases também causam vários efeitos, inclusive visuais.

No conteúdo, entram em questão o jogo de ideias apresentado, as imagens criadas e o sentido figurado, trazido principalmente pelo emprego de figuras de linguagem como a metáfora, que "brinca" com o sentido das palavras e das frases, provocando inúmeros efeitos.

É importante entender o poema como um gênero textual extremamente flexível e aberto às experimentações artísticas do autor durante a sua ânsia de se expressar.

A poesia é bastante diferente da prosa, que, vale lembrar, trata-se do uso mais habitual da escrita: organizada em parágrafos, normalmente sem preocupações poéticas (embora isso possa acontecer algumas vezes), utilizada em contos, romances e outros gêneros não literários, como relatórios, artigos jornalísticos e manuais que empregam uma linguagem no seu sentido literal para não deixar dúvidas de interpretação em função da finalidade a que se destinam, que, no caso, é informar.

Portanto, os poemas costumam ser facilmente reconhecidos pela sua expressividade e "finalidade", circulando, predominantemente, entre leitores literários e interessados na fruição dessa estética. Dificilmente eles seriam confundidos com uma bula de remédio, uma lei ou um artigo científico, embora alguns poetas gostem de fazer as suas "experiências" até com isso. A própria Roseana já fez umas "travessuras" poéticas envolvendo outros gêneros textuais como receitas culinárias e classificados de jornal, que são escritos tradicionalmente em prosa.

Roseana escreveu um poema que  aborda este assunto com muita delicadeza  e diz assim:

> Caminhar sobre os versos de um poema
> não é igual deslizar nas frases de uma história.
> É como andar sobre a linha
> que a luz dos vaga-lumes traça no ar
> ou numa ponte de cordas
> sobre o rio que canta.

Observe como a autora opõe as características de prosa e poesia, com as escolhas que faz, por exemplo: no uso de palavras como "deslizar", que nos faz enxergar a suavidade e a beleza desse movimento associado ao ato de leitura da prosa, quando nossos olhos avançam de um parágrafo para outro de um texto em prosa como um romance, um conto etc.; com a construção de belas imagens que extravasam o sentido real e introduzem o sentido figurado quando nos faz encarar a sequência dos versos (linhas do texto) nas cordas da ponte e no rastro luminoso deixado pelos vaga-lumes, ou ainda quando incrementa a sugestão musical da cena da ponte sobre o rio, com a aproximação da palavra "cordas" (que passam a ser de um instrumento musical) com "canta", dando movimento à ponte que passa a "dançar" na nossa imaginação, envolvida pela musicalidade vinda da agitação das águas do rio, que passa a "cantar".

Como se vê, com poucas palavras, a poeta cria imagens simples na natureza para tratar de um assunto técnico sobre a escrita, mas capaz de tocar a nossa sensibilidade, trazendo memórias, conscientes e inconscientes, das nossas experiências com a leitura, a escrita e a vida, ativando emoções e sensações, mexendo com o nosso estado de espírito e com as nossas ideias.

Como ensinou o poeta José Paulo Paes, fazer poesia é "brincar" com as palavras e Roseana faz isso com simplicidade e maestria. Escreve como se montasse um quebra-cabeça, que pode até parecer banal em um primeiro golpe de vista, mas o olhar mais atento mostra estar em jogo uma arquitetura sofisticada, que envolve a articulação da graça e da engenhosidade entre cada peça e o todo, transformando o poema em um enigma a ser decifrado.

A cada leitura, uma novidade pode ser revelada...

É necessário compreender o valor que existe na construção de um texto simples, que não seja simplista.

Um poema escrito assim é valioso, pois ele disponibiliza uma riqueza de detalhes e sentidos distribuídos em várias camadas ao seu público, sem deixar de ser acessível e instigante – em diferentes níveis – aos iniciantes e aos mais experientes leitores. Tratar de temas complexos e profundos em textos curtos com linguagem simples e acessível é um grande desafio.

## O livro *Rotas de fuga: versos para voar*

Este livro foi escrito durante o ano de 2020, um ano de muitas inquietações e oportunidades para reflexões e questionamentos sobre a vida. Foi revisitando os seus primeiros embates com as imposições da vida, durante a sua adolescência e juventude, que Roseana encontrou o tema para o livro.

Nunca é bom ser contrariado, mas quando estamos começando a descobrir o mundo com mais autonomia e a dar os nossos primeiros passos orientados pelas nossas próprias opiniões isso é muito pior. Não é fácil conter as nossas vontades, não é fácil ouvir um não quando tudo o que desejamos é um sim. É terrível olhar para o mundo e não encontrar o que gostaríamos. Tantas contrariedades geram muitas dúvidas, receios e revoltas. Como podemos nos adaptar a essa realidade? Como vivenciar esses conflitos e prosseguir nessa "viagem" até a maturidade?

O poema "Jangada" dialoga com essa questão:

O que devo levar
nessa travessia?
O que for luz?
Untar o corpo
com doses fartas
de amor como se fosse
óleo perfumado,
unguento, bálsamo.

Toda travessia requer
a paciência de um camelo
ruminando o tempo e
convém armazenar doses
de vento benfazejo
para que a jangada possa
deslizar sobre a areia.

O sujeito lírico, ou seja, a voz que se manifesta no poema, expõe as suas inquietações e especula algumas possibilidades de conduta que, embora não signifiquem uma solução, dão algumas pistas que, de algum modo, atenuam as angústias iniciais. Será que paciência ajudaria? Uma dose de otimismo? Autocuidado para estar bem durante essa "viagem"? A leitura do poema pode deixar todas essas ideias "morando" dentro de nós, sem a obrigação de uma resposta exata, mas nos fazendo companhia e nos ajudando a prosseguir.

Para quem sente muito estranhamento diante da linguagem poética e de temas subjetivos, é interessante considerar que a condição humana costuma ser tema de muitas obras artísticas, e com a literatura e a poesia isso não é diferente.

A agitação da nossa vida no mundo contemporâneo, muitas vezes, pode causar a ilusão de que em nossa existência só cabe a objetividade da realidade e dos fatos, mas a subjetividade humana – essa nossa parte mais sensível, particular e difícil de descrever – compõe a essência de cada um de nós e exige espaço em nosso cotidiano.

Antonio Candido, um grande intelectual brasileiro na área dos estudos literários, destacava a ideia de que não há pessoa nem povo que possa viver sem entrar em contato com algum tipo de "faz de conta" em seu dia a dia. Sem dúvida, essa é uma das principais contribuições da literatura à humanidade, pois, além de ampliar nosso repertório de pontos de vista e nossa visão de mundo, ela engrandece a nossa humanidade por meio de potentes experiências estéticas, como os poemas nos proporcionam.

O gênero poema favorece a abordagem de temas cheios de complexidade e sutilezas, como a temática abordada nesta obra, pois, mesmo usando palavras, conseguimos alcançar aspectos indizíveis de nossas ideias, de nossas emoções, da nossa existência, do nosso ser. Isso nos ajuda a elaborar melhor a nossa realidade, ou seja, a "compreender" melhor quem somos e o mundo que nos rodeia, tornando mais viável a convivência com os problemas que nos batem à porta. Mesmo diante de impasses, vemos que é possível nos expressarmos, conforme sugere o poema a seguir:

## A chave

Há que encontrar a chave.
A que abrirá as paredes,
as portas, as janelas.
A que se esconde entre as cordas da harpa
dos sentimentos, entre
as páginas de um livro,
os versos de um poema,
entre as camadas do amor,
na água das lágrimas.

Desta vez, o sujeito lírico lembra que, apesar da tristeza
e contrariedade com o impedimento, representado
pelas paredes, portas e janelas trancadas, é possível
encontrar uma "chave" que pode estar escondida:
numa música vinda das "cordas" da "harpa dos (nossos)
sentimentos", na leitura dos "versos de um poema"
nas "páginas de um livro" e, sobretudo, no amor que
se mistura às lágrimas, afinal, é ele que as trancas
oprimem. O leitor se depara, assim, com um caminho
alternativo encontrado com a sua sensibilidade.

Em outros poemas do livro, Roseana nos leva a
refletir sobre o nosso autoconhecimento e a necessidade
de nos recolhermos diante das adversidades para uma
autoinvestigação, como ocorre no poema a seguir:

## Sombra e luz

Às vezes,
o espelho me mostra
o que não quero ver:
quem do outro lado
me diz esse rosto,
esses olhos
que me olham de longe
e com estranhamento?

Mas às vezes vejo
a sombra e a luz
que me desenham,
os fios que me amarram
e então me reconheço.

É interessante aproveitar para observar como alguns aspectos formais desse poema contribuem para a sua expressividade. Por exemplo: a estrofe única que compõe o poema tem versos de comprimento semelhante e pode sugerir, por um lado, o formato retangular da maioria dos espelhos e, por outro, uma misteriosa silhueta; a ausência quase total do som mais agudo da letra "i" com a constância dos sons de "a", "e" e "o" cria uma atmosfera mais grave, de seriedade, e a presença da palavra "olhos", com o seu par de circulares letras "o" na posição em que se encontra no texto, pode ser facilmente associada ao reflexo dos olhos de quem se mira no espelho. Quanto ao conteúdo, lembramos como é difícil nos relacionarmos com a nossa própria imagem, principalmente em tempos de selfies e redes e sociais. Para além das pressões por padrões de beleza e outras imposições que nos pressionam devido ao nosso desejo instintivo de pertencimento, é inevitável sermos tomados por questionamentos mais profundos, como:

Qual é a nossa verdadeira identidade?
O que viemos fazer aqui?
O que realmente desejamos?
Será que é possível encontrarmos respostas
satisfatórias para essas perguntas?
Há, no livro, um poema curtinho com uma dica:

## Anseios

O que se pode saber
do coração e seus anseios?
Seu tambor bate baixinho
e há que fazer silêncio
para ouvir a sua voz.

Sim, as palavras também podem nos lembrar que o
caminho pode estar no silêncio, necessário para cessar
os ruídos e fazer despertar o que há de mais íntimo
e legítimo dentro de nós, dando a oportunidade de
conhecermos o "estranho" que nos habita e os mistérios
que o cercam.

## Poemas e juventude

O surgimento da poesia remonta aos primórdios da
humanidade. Acredita-se que mesmo antes da escrita os
seres humanos já desenvolviam formas de usar a palavra
como "matéria-prima" para se manifestar poeticamente.
Explorando a musicalidade e a memorização, essas
expressões foram passadas, oralmente e depois por escrito,

de geração em geração, alcançando as grandes civilizações que as trouxeram até os nossos dias. Muitas foram modelares, como as grandes epopeias, entre elas a *Ilíada* e a *Odisseia*, da cultura greco-latina, que inspiraram uma infinidade de outras como a epopeia portuguesa *Os Lusíadas*, que narra a saga heroica do povo português no transcorrer de mais de mil estrofes e quase 9 mil versos, e as fórmulas rígidas de composição que marcaram época, mas os textos poéticos seguiram acompanhando as mudanças no decorrer dos tempos e encontraram cada vez mais liberdade.

No Brasil, a partir da Semana de Arte Moderna, em 1922, apesar das muitas polêmicas, os poetas passaram a combater a submissão total às regras rigorosas que eram impostas à criação poética e as obras de autores como Oswald de Andrade, Carlos Drummond de Andrade, Manuel Bandeira, entre outros, abriram caminhos para que mais poetas pudessem se descobrir e fazer as suas próprias escolhas – como aconteceu com Roseana Murray – e chegassem à contemporaneidade fazendo muitas experimentações, inclusive em meio digital. A cultura popular também sempre manteve espaço para versejar e compartilhar textos poéticos como o repente, a literatura de cordel e, mais recentemente, saraus, *slans*, letras de *rap, funk* e demais canções.. É um engano achar que a linguagem poética não faz parte de nossas vidas, a questão é saber que quanto mais conhecermos sobre ela, mais poderemos apreciá-la, fruí-la e, quem sabe, utilizá-la para nos expressar artisticamente também.

Se nunca foi uma pergunta fácil de responder, hoje, parece ainda mais inquietante pensar em respostas para o que devemos esperar de textos literários como os poemas contemporaneamente.

Por certo, não haverá uma resposta exata para isso, mas todas as hipóteses devem ser consideradas. No mundo contemporâneo, onde a diversidade é pulsante, não parece que a juventude espere por exatidão, não é mesmo? Mas, como é da natureza humana, o interesse pode passar pela investigação sobre si, sobre o mundo e sobre maneiras de (sobre)viver diante dos desafios encontrados.

*Rotas de fuga: versos para voar* é um livro muito gostoso de ler e reler. Rapidamente, passamos de uma página a outra, apreciando a beleza dos poemas emoldurados por um belo projeto visual. Com simplicidade, ele dialoga com a tradição literária e se projeta no campo das infinitas inquietações humanas que nos capturam durante a juventude. A sua leitura nos permite vivenciar a plenitude da linguagem poética com os seus poemas que nos tocam e provocam. O tempo todo eles nos mostram que, quando "a realidade é tanta" e "não cabe entre os braços", precisamos "cavar rotas subterrâneas de fuga" e encarar "as paredes" que nos prendem como se fossem líquidas e incapazes de nos impedir de voar, pois é assim que deve ser: podemos apostar que elas se desmancharão com "o sopro da poesia" para que a "existência seja voo".

*Este livro foi composto
usando-se a tipografia Costa.*

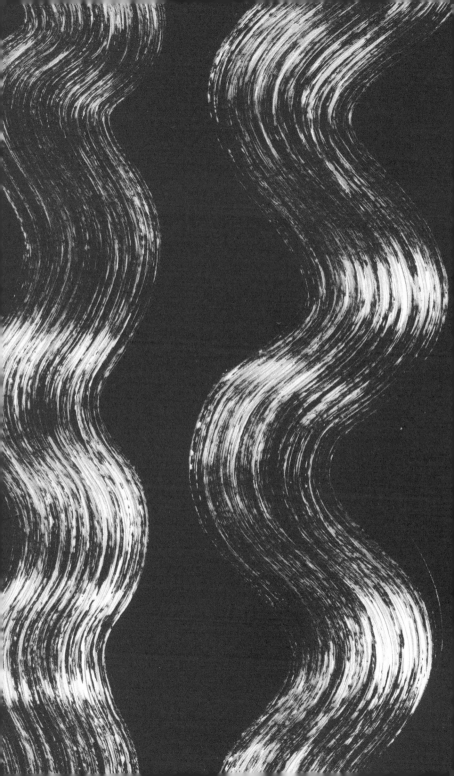

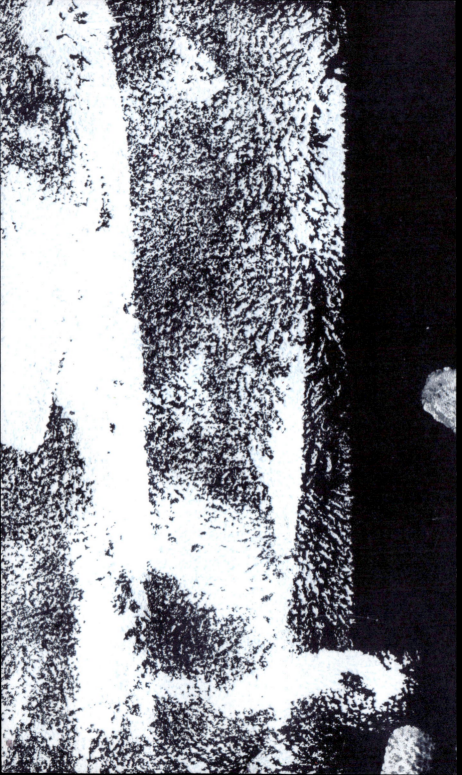